Carolin Biebrach

Lichtgestaltung im Film - Der Dritte Mann

GRIN Verlag

Bibliografische Information der Deutschen Nationalbibliothek:

Die Deutsche Bibliothek verzeichnet diese Publikation in der Deutschen National-
bibliografie; detaillierte bibliografische Daten sind im Internet über http://dnb.d-
nb.de/ abrufbar.

Impressum:

Copyright © 2007 GRIN Verlag GmbH
Druck und Bindung: Books on Demand GmbH, Norderstedt Germany
ISBN: 978-3-640-47340-3

Dieses Buch bei GRIN:

http://www.grin.com/de/e-book/110844/lichtgestaltung-im-film-der-dritte-mann

GRIN - Your knowledge has value

Der GRIN Verlag publiziert seit 1998 wissenschaftliche Arbeiten von Studenten, Hochschullehrern und anderen Akademikern als eBook und gedrucktes Buch. Die Verlagswebsite www.grin.com ist die ideale Plattform zur Veröffentlichung von Hausarbeiten, Abschlussarbeiten, wissenschaftlichen Aufsätzen, Dissertationen und Fachbüchern.

Besuchen Sie uns im Internet:

http://www.grin.com/

http://www.facebook.com/grincom

http://www.twitter.com/grin_com

Universität Leipzig

Institut für Kommunikations- und Medienwissenschaften

Bereich: Medienwissenschaften

Seminar: Film- und Fernsehanalyse

Wintersemester 2006/07

Die Funktion von Licht und Schatten im Film -

am Beispiel von Carol Reeds „Der Dritte Mann"

Vorgelegt von:

Carolin Biebrach

Magisterstudiengang

3. Fachsemester – Grundstudium

Inhaltsverzeichnis

1 Einleitung

Bereits Johann Wolfgang Goethe sagte: „Wo viel Licht ist, ist auch starker Schatten". Er erkannte dementsprechend, dass Licht und Schatten untrennbar zusammen gehören und nicht differenziert voneinander betrachtet werden dürfen (Dunker, S.17).

Licht und Schatten werden meist nicht als besondere Gestaltungsmittel im Film wahrgenommen (Hickethier, S.82), dennoch haben sie eine entscheidende Bedeutung für Film- und Fernsehszenen (Faulstich, S. 199). Aus diesem Grund sollen Licht und Schatten sowie deren Funktion im Film in dieser Arbeit genauer betrachtet werden. Zunächst muss dafür erläutert werden, welche vielfältigen Aufgaben die Lichtgestaltung im Film wahrnehmen kann und welche Wirkungen damit erzielt werden. Im Folgenden soll dann auf die verschiedenen Quellen des Lichts, wie Führungslicht, Fülllicht, Spitzlicht sowie Hintergrundlicht eingegangen werden. Weiterhin sind die verschiedenen Richtungen, aus denen das Licht auf das Geschehen fallen kann, bedeutend. Man unterscheidet dabei zwischen Seitenlicht, Vorderlicht, Gegenlicht, Oberlicht, Unterlicht und Akzentlicht. Die Beleuchtungsstile High-Key-, Low-Key- und Normalstil werden nachfolgend erläutert. Ausschlaggebend ist auch die Art des Lichtes. Einerseits, ob Tageslicht oder Kunstlicht eingesetzt wird, andererseits, ob speziell zur charakteristischen Darstellung von Personen hartes oder weiches Licht verwendet wird.

Beispielgebend für den gezielten Einsatz von Licht und Schatten ist Carol Reeds „Der Dritte Mann". Zwei Szenen aus dem britischen Spielfilm der vierziger Jahre, bei denen die Bedeutung der Lichtgestaltung besonders zum Ausdruck kommt, sollen abschließend analysiert werden. Dabei soll deutlich werden, inwiefern Licht und Schatten die dramaturgische Aussage dieses Films unterstützen.

2 Licht im Film

2.1 Die Funktionen des Lichts

Die Lichtsituation im Film wird von dem Rezipienten meist unbewusst wahrgenommen. Erst wenn das Licht blendet oder die Schatten überwiegen, also der Bereich des Angenehmen verlassen wurde, wird dem Zuschauer das Gestaltungsmittel Licht bewusst (Dunker, S. 8). Dennoch werden Licht und Schatten in der Film- und Fernsehanalyse als eine der wirkungsvollsten Mittel angesehen (Dunker, S. 11).

Licht und Schatten unterstützen zunächst die Dramaturgie der Erzählung (Faulstich, S. 204). Die Gestaltung des Lichteinsatzes richtet sich nach der filmischen Absicht und der zu transportierenden Aussage (Dunker, S. 11). Dennoch ist die Lichtgestaltung der Erzählung meist untergeordnet. Sie soll die Information des Plots unterstreichen, Hinweise auf die Story geben (Faulstich, S. 200) und handelnde Personen charakterisieren (Faulstich, S. 203). Eine der wesentlichsten Funktionen des Lichts ist die Stimmung. Durch Licht und Schatten können verschiedene Gemütszustände erzeugt werden, die das Publikum als Eigenschaften einer Situation wahrnimmt (Hickethier, S. 79). „Diese Möglichkeit des direkten Zugriffs auf die Stimmungslage des Zuschauers ist ein phantastisches Mittel für die Filmgestaltung" (Dunker, S. 14). Erst durch den Einsatz von Licht und Schatten entsteht in der Filmszene der Eindruck von Räumlichkeit und Plastizität, jedoch ohne dass die Kamera durch den Raum bewegt werden muss. Bei der Darstellung des gesamten Raums müssen dafür Vorder-, Mittel- und Hintergrund partiell oder ganz mit Licht und Schatten gestaltet werden. So entsteht ein räumlicher Tiefeneindruck (Kamp, S. 31). Weiterhin ordnen Licht und Schatten die Objekte im Raum (Faulstich, S. 199) und können bestimmten Personen und Objekten eine spezielle Bedeutung beimessen, in dem einzelne Dinge der Szene durch Licht hervorgehoben werden, währenddessen andere unbetont bleiben (Faulstich, S. 199).

Zusammenfassend trägt die Lichtgestaltung im Film immens zur Glaubwürdigkeit und zur realistischen Darstellung des Gezeigten bei (Hickethier, S. 81) Dennoch entfaltet sich das volle Potential von Licht und Schatten erst im Zusammenwirken mit anderen Mitteln der Filmgestaltung (Faulstich, S. 204).

3 Lichtquellen

Die Beleuchtung in einem Film besteht immer aus einer oder mehreren gleicher oder unterschiedlicher Lichtquellen (Dunker, S. 35). Innerhalb dieser Ausleuchtung können diese Lichtquellen unterschiedliche Funktionen haben und somit bestimmte Wirkungen hervorrufen (Dunker, S. 36). Es wird dabei in Führungslicht, Fülllicht, Spitzlicht sowie Hintergrundlicht unterschieden.

3.1 Führungslicht

Bei dem Führungslicht handelt es sich meist um die dominanteste Lichtquelle in der Szene (Faulstich, S. 202). Das Licht fällt dabei für gewöhnlich aus einem 45° Winkel zur Kamera-Objekt-Achse auf das Geschehen (Monaco, S. 197).

Das Führungslicht, oder auch Hauptlicht genannt, hat viele grundlegende Bedeutungen. Zunächst muss es die natürliche Lichtsituation der Szene imitieren (Faulstich, S. 202), also der im Bild zu erkennenden Lichtquelle entsprechen. Das Hauptlicht ist in der Regel auf den Handlungsträger gerichtet (Hickethier, S. 82) und entscheidend für die Dramaturgie der Szene (Faulstich, S. 202). Denn die Position des Führungslichts zur Kamera und zum Objekt, wie auch Farbe, Stärke und Qualität der Lichtquelle beeinflussen die dramaturgische Aussage.

Zusammenfassend wird das Führungslicht also nicht durch seine Position zur Kamera definiert, sondern über seine prägende Funktion innerhalb der Szene (Dunker, S.38).

3.2 Fülllicht

Das Fülllicht ist ein zusätzliches Licht zum Führungslicht (Kühnel, S. 61) und hat die Funktion, die vom Hauptlicht verursachten Schatten aufzuhellen. Meist nimmt diese Lichtquelle keine genaueren Aufgaben innerhalb der Filmszene wahr (Faulstich, S. 202), ausgenommen, es hat eine besondere dramaturgische Bedeutung. Durch das Fülllicht wirken die beleuchteten Objekte plastischer (Hickethier, S. 82) und die Kontraste werden weicher (Kühnel, S. 61).

3.3 Spitzlicht

Das Spitzlicht scheint meist von hinten. Bei dargestellten Personen ist es auf den Kopf gerichtet (Dunker, S. 39), so sollen sich die beleuchteten Personen und Objekte besser vom Hintergrund abheben und dem Raum soll mehr Tiefe verliehen werden (Faulstich, S. 202). Die Szene soll plastischer und demnach auch realistischer wirken.

Eine spezielle Form des Spitzlichts ist die Gloriole. Dabei entsteht ein dominanter Lichtsaum an den Haaren der beleuchteten Person, so dass dieser Saum wie eine Art „Heiligenschein" erscheint (Dunker, S. 39).

3.4 Hintergrundlicht

Als Hintergrundlicht wird die gewisse Grundausleuchtung einer Szene bezeichnet (Dunker, S. 40). Durch diese Art von Licht werden Kontraste in einer Filmszene angeglichen (Faulstich, S. 202) und dargestellte Personen und Objekte optisch besser vom Hintergrund getrennt. So wirkt die gesamte Filmszene räumlicher (Kamp, S. 34).

Bei vielen Daily-Soaps und Serien ist das Hintergrundlicht meist die häufigste Lichtart. Da eine aufwendige Ausleuchtung jeder Szene zu zeitintensiv und zu kostspielig wäre (Faulstich, S. 202).

4 Kategorien des Lichts

Die Kategorien des Lichts geben die grundsätzlichen Richtungen vor, aus denen das Licht auf die Szene fällt. Man unterscheidet unterschiedliche Kategorien. Die sechs Arten, die am Häufigsten im Film angewandt werden, sollen im Folgenden erläutert werden (Hickethier, S. 81).

4.1 Seitenlicht

Beim Seitenlicht wird die Beleuchtungsquelle seitlich von der Kamera positioniert (Faulstich, S. 202). Dadurch wirkt die Szene räumlicher (Dunker, S. 39) und Schatten werden für den Zuschauer gut sichtbar.

Dadurch erhalten beleuchtete Personen und Objekte eine Kontur und die Szene wirkt natürlicher (Faulstich, S. 202). Mit Hilfe des Seitenlichts können charakteristische Züge von Personen besser herausgearbeitet werden, die wichtig für die Dramaturgie der Szene sind und dem Zuschauer somit das Verstehen der Handlung erleichtern. Weiterhin hat die Lichtart eine reliefbildende Wirkung (Kühnel, S. 61) und wird von Filmschaffenden am Häufigsten eingesetzt (Faulstich, S. 202).

4.2 Vorderlicht

Bei dem Vorderlicht fällt das Licht vom Standpunkt der Kamera bzw. der Kameralinie auf das Geschehen (Hickethier, S. 81). Personen und Gegenstände werden direkt von vorn beleuchtet (Faulstich, S. 202). Das Vorderlicht wird auch als „flachste" Form der Lichtquelle bezeichnet, da die Schatten meist hinter dem beleuchteten Objekt liegen und somit für die Zuschauer nicht sichtbar sind (Feininger, S. 282). Die Lichtquelle hat eine glättende Wirkung und neigt dazu, charakteristische Züge eines Objekts oder einer Person verschwinden zu lassen (Kühnel, S. 61). Jedoch werden durch das Vorderlicht meist keine ungewöhnlichen oder überraschenden Wirkungen hervorgerufen (Feininger, S. 283).

4.3 Gegenlicht

Das Gegenlicht ist direkt in der Kameraachse auf die Kamera gerichtet und somit nur begrenzt einsetzbar, da es die Kamera blendet. Aus diesem Grund wird es meist von Gegenständen und Personen verdeckt, um die Blendung zu verhindern (Hickethier, S. 81). Das beleuchtete Objekt befindet sich dann genau zwischen Lichtquelle und Kamera (Kühnel, S. 61). In Folge dessen erscheint der Umriss des beleuchteten Objekts oder der beleuchteten Person in einem Lichterkranz (Hickethier, S. 81) und verwandelt sie somit in Silhouetten (Mikos, S. 147). Diese Lichtart hat eine idealisierende Wirkung (Kühnel, S. 61) und ist eine der dramatischsten Formen der Lichtgestaltung (Feininger, S. 283).

4.4 Oberlicht

Wie die Bezeichnung Oberlicht schon sagt, wird bei dieser Lichtart das Objekt oder die Person von oben angestrahlt (Kühnel, S. 60). Das hat eine hinabdrückende (Monaco, 199) und verschwindende Wirkung zur Folge.

Weiterhin kann mit Hilfe des Oberlichts einer Person auch eine Art „Heiligenschein" verliehen werden (Kühnel, S. 61).

4.5 Unterlicht

Bei dieser Lichtquelle werden Personen und Objekte von unten beleuchtet. Schatten-partien überwiegen dabei die Szene (Mikos, S. 147) und es entsteht ein unnatürlicher, theatralischer Effekt (Feininger, S. 283). Mit dem Unterlicht soll bewusst eine unheimli-che und spannungsgeladene Stimmung erzeugt werden (Mikos, S. 147).

4.6 Akzentlichter

Weiterhin gibt es die Möglichkeit, mit Licht Akzente zu setzen. Durch die Beleuchtung einzelner Partien wie beispielsweise der Augen, soll die Aufmerksamkeit des Zuschau-ers gelenkt werden. Zur Verstärkung werden die restlichen Bildinhalte dunkel gehalten (Hickethier, S. 82). Somit wird bestimmten Geschehnissen oder Personen eine gewis-se Bedeutung für die Filmszene beigemessen (Mikos, S. 147), aber auch entscheiden-de Geschehnisse für die Dramaturgie des Films werden durch Akzentlichter hervorge-hoben.

5 Beleuchtungsstile

Mit Beleuchtungsstilen wird das ungefähre Verhältnis von hellen und dunklen Bildpartien im Film dargestellt (Dunker, S. 22). Man unterscheidet dabei drei Stile: Normalstil, High-Key-Stil sowie Low-Key-Stil. Diese sollen im Folgenden erläutert werden.

5.1 Normalstil

Der Normalstil ist der am Häufigsten eingesetzte Beleuchtungsstil (Kamp, S. 35) und soll der alltäglichen Sehgewohnheit des Zuschauers entsprechen. Ziel ist es, eine natürlich wirkende Szene (Faulstich, S. 201) sowie eine realistische Atmosphäre zu schaffen (Kamp, S. 35). Erreicht wird dieser Eindruck durch eine gleichmäßige Ausleuchtung (Hickethier, S. 80) mit einer Ausgewogenheit von hellen und dunkleren Bildpartien (Faulstich, S. 201). Details des Filmbildes sind beim Einsatz des Normalstils deutlich zu erkennen. Dieser Beleuchtungsstil wird vorrangig in Szenen eingesetzt, wo die Handlung und die Stimmung für die Unterstützung der dramaturgischen Aussage keine Abweichung vom Normalempfinden verlangen (Hickethier, S. 80).

5.2 High-Key-Stil

In einer Filmszene, die mit dem High-Key-Stil beleuchtet wurde, sind dunklere Bildpartien nicht sichtbar (Kamp S. 36), so dass die Helligkeit die Szene bestimmt (Faulstich, S.201). In Folge dessen sind Details des Filmbildes sogar überdeutlich zu erkennen (Hickethier, S. 80). Häufig wurde der High-Key-Stil in den Beziehungskomödien der 30er und 40er Jahre, so genannte „Screwball-Komödien", angewandt (Kamp, S. 37), da er den Eindruck einer freundlichen, hoffnungsvollen und zuversichtlichen Grundstimmung hinterlässt (Hickethier, S. 80). Allerdings kann dieses Mittel auch bewusst zur Verfremdung von Objekten oder Gegenständen der Szenen eingesetzt werden (Kamp, S. 37).

5.3 Low-Key-Stil

Der Low-Key-Stil stellt den Gegensatz zum High-Key-Stil dar, d.h., dass dunklere und unbeleuchtete Bildpartien die Filmszene prägen (Faulstich, S. 201). Bei diesem Beleuchtungsstil dominieren zumeist die Aufhelllichter, wobei das Hauptlicht relativ schwach gehalten wird. Personen und Objekte der Szene werden ungleichmäßig beleuchtet und Details sind schwer auszumachen (Kamp, S. 36). Dadurch wirkt die Szene dramatisch, düster und hart. Eingesetzt wurde der Low-Key häufig im expressionistischen Film sowie im so genannten „Film noir" (Hickethier, S. 80). Jedoch muss auch hier nicht generell dieser düstere Eindruck entstehen. Der Low-Key-Stil kann auch eine gemütliche Atmosphäre vermitteln, wie beispielsweise in einer Kneipe (Kamp, S. 37).

6 Arten von Licht

6.1 Tageslicht

Bei der Verwendung von Tageslicht oder auch Sonnenlicht wird die reale Lichtquelle zur Ausleuchtung der Szene genutzt (Kühnel, S. 60). Vor allen zu Beginn des Filmzeitalters waren die Kameraleute auf das reale Licht angewiesen, da das zu der Zeit noch sehr grobe Filmmaterial erst bei Sonnenschein ausreichend beleuchtet wurde (Kamp, S. 29).

Aber diese Art von Licht hat auch einen großen Nachteil, denn es ist sehr unbeständig und schwer zu beurteilen (Feininger, S. 294). Wolkengang, Sonnenstand und andere Wetterbedingungen machen den Einsatz von realem Licht nur schwer kalkulierbar (Hickethier, S. 81).

6.2 Kunstlicht

Der wirtschaftliche Druck in kürzester Zeit möglichst viel produzieren zu müssen, machte den Einsatz von Kunstlicht zwingend. Allerdings waren vor allem in der Anfangszeit die Bedingungen bei Dreharbeiten, wo Kunstlicht verwendet wurde, unzumutbar (Kamp, S. 29). Erst nach Ende des ersten Weltkrieges wurden die Aufnahmemöglichkeiten im Film verbessert und der Einsatz von Kunstlicht zur Unterstützung der Dramaturgie wurde möglich (Kamp, S. 30).
Ein weiterer Vorteil des Kunstlichtes neben der dramaturgischen Bedeutung, ist die bessere Kalkulierbarkeit (Hickethier, S. 81). Die Ausleuchtung ist beständig und gleichmäßig, des Weiteren ist die Zahl der einsetzbaren Lichtquellen unbegrenzt (Feininger, S. 297), während bei der natürlichen Ausleuchtung eben nur eine Lichtquelle – die Sonne – verwendet werden kann.

6.3 Hartes Licht

Bei dem harten Licht handelt es sich um eine sehr konzentrierte und intensive Form des Lichts. Je kleiner die Lichtquelle und je schmaler der Lichtkegel ist, umso schärfer wirken die erzeugten Kontraste. Die in dem Sinne „härteste Lichtquelle" ist das so genannte Spotlight oder Punktlicht (Kühnel, S. 60).

Verwendet wurde das harte Licht meist zur Darstellung männlicher Künstler, da diese so maskuliner und markanter wirkten (Faulstich, S. 203). Weiterhin werden durch diese Art der Beleuchtung die Schattenkonturen schärfer (Kühnel, S. 60) und Unebenheiten werden betont (Kamp, S. 33).

6.4 Weiches Licht

Das weiche Licht ist charakterisiert durch sanfte Schattenübergänge und eine gedämpfte Beleuchtung (Kühnel, S. 60). Weiterhin erscheinen bei dieser Art der Beleuchtung die Konturen verwaschen (Faulstich, S. 202). Das weiche Licht wurde meist für die Beleuchtung weiblicher Darsteller genutzt (Kamp, S. 32), da diese durch die weiche Ausleuchtung einen makellosen Teint und ein engelhaftes Aussehen erhielten (Dunker, S. 15).

7 „Der Dritte Mann"

7.1 Entstehung

Der britische Spielfilm „Der Dritte Mann" (Originaltitel „The Third Man"), basiert auf dem gleichnamigen Buch von Graham Greene. Gemeinsam mit Carol Reed, die bei dem Film Regie führte, entwickelte er ein Drehbuch, auf dessen Basis er später eine Erzählung verfasste. Der Film „Der Dritte Mann" erschien 1949, der Roman ein Jahr später (Greene, S. 5). Die Hauptrollen des Autors Holly Martins und seines kriminellen Schulfreundes Harry Lime wurden mit Joseph Cotten und Orson Welles besetzt (Greene, S.7).

Der Film ist vor allem durch das berühmte Zitherspiel Anton Karas`, aber auch durch seinen gekonnten Einsatz von Licht und Schatten sowie seinem Spiel mit den Kameraperspektiven bekannt. 1950 wurde der „Dritte Mann" mit dem Oscar für die beste Schwarz-Weiß-Kamera ausgezeichnet (www.deutsches-filminstitut.de).

7.2 Film Noir

„Der Dritte Mann" wird in der Literatur als Werk des „Film Noir" bezeichnet.
Allerdings ist die Zuordnung des „schwarzen Films" umstritten. Doch wird er eher einer Bewegung als einem Genre zugeordnet. Laut Werner ist das Genre „eine auf einer Konvention zwischen Filmhersteller und Filmkonsument beruhende offene Zusammenfassung gleicher oder ähnlicher Filme unter ein willkürlich gewähltes Kriterium bzw. einen Kriterienkomplex. Diese Kriterien können unterschiedlichster Natur sein: etwa geografischer [...], historischer [...], thematischer [...] oder dramaturgischer Art [...]" (Werner, S. 22). Mit Hilfe der Zuordnung von Filmen in Genres erleichtert es die Entscheidung des Zuschauers für oder gegen einen Film, da mit einem bestimmten Genre auch bestimmte Erwartungen einher gehen. Genrebezeichnungen haben sich mit der Zeit entwickelt und in der Gesellschaft etabliert.

Bewegungen hingegen entstehen meist zu Zeiten nationaler Krisen. Sie spiegeln die aktuelle gesellschaftliche Situation in formalen und thematischen Elementen wider (Werner, S. 23). Bewegungen verleihen also allgemeine Hoffnungen, aber auch Ängsten der Gesellschaft Ausdruck. Sie entstanden vor allem in Vorkriegs-, Kriegs- oder

Nachkriegszeiten und sind an vier Merkmalen fest zu machen. Für eine Bewegung muss sich eine Gruppe geeigneter Filmschaffender zusammen finden, die über die notwendigen technischen Einrichtungen verfügen und in einer vorteilhaften Form der Filmindustrie organisiert sind. Zudem muss in der Gesellschaft ein günstiges politisches Klima herrschen. Alle dieser Voraussetzungen erfüllt der „Film Noir". Die Filmschaffenden waren vorrangig deutsche Regisseure, die während des Zweiten Weltkrieges in die USA emigriert waren. Die filmtechnischen Einrichtungen und eine geeignete Organisationsform waren in Hollywood allemal gegeben. Auch das angespannte politische Klima in den vierziger Jahren trug zu der Entstehung des „Film Noir" bei (Werner, S. 24).

Doch nicht nur die Entstehungszeit des „Dritten Mannes" lassen auf eine Zuordnung zum „Film Noir" schließen. Der Film spielt in der Nachkriegszeit und spiegelt die Ängste des Publikums zu der Zeit wider. Weiterhin zeichnet sich der britische Spielfilm durch seinen Antihelden in Form des kriminellen Harry Lime aus (Werner, S. 9). Meist spielt der „schwarze Film" in großen Metropolen, nur selten sind Szenen auf dem Land zu sehen. Auch Carol Reeds „Der Dritte Mann" spielt in der österreichischen Hauptstadt Wien und stellt den Schauplatz für Verbrechen und Spionage (Werner, S. 12). Auch die Handlung des Films spricht für eine Zuordnung zu der Bewegung, denn wie in vielen anderen Filmen der „schwarzen Serie", werden im „Dritten Mann" Kriminalität und Mord thematisiert (Werner, S. 13). So ist „Der Dritte Mann" wohl eines der Musterbeispiele, was den „Film Noir" betrifft.

7.3 Handlungsort

Der Film „Der Dritte Mann" spielt in Wien nach Ende des zweiten Weltkrieges. Ebenfalls wie Berlin wurde die Hauptstadt in vier Besatzungszonen der Siegermächte aufgeteilt – Amerikaner, Briten, Franzosen und Sowjets. Der Stadtkern der Viersektorenstadt wird durch die interalliierte Militärpolizei, wofür jede der Mächte einen Soldaten stellte, gemeinsam regiert (Reed, DVD).

Gezeigt wird eine Zeit, die vom Elend durch den Krieg geprägt ist und in der Schwarzmarkt und Schieber Hochkonjunktur haben. Die Menschen der Hauptstadt sind gezeichnet von den letzten Jahren, und jeder denkt vorrangig an das eigene Wohl und das seiner Familie – ohne Rücksicht auf Recht und Unrecht.

7.4 Inhalt

Der Schriftsteller Holly Martins (Joseph Cotten) ist pleite. Sein alter Schulfreund Harry Lime (Orson Welles) erfährt davon, bietet ihm einen Job in Wien an und zahlt ihm das Zugticket in die österreichische Hauptstadt.

Als der Autor in Wien ankommt und vor der Wohnung Limes steht, erfährt er vom Portier des Hauses, dass sein Freund bei einem Unfall überfahren wurde und gerade beerdigt wird. Martins macht sich daraufhin auf den Weg zu der Beisetzung und trifft dort auf die ehemalige Geliebte Limes, Anna Schmidt (Alida Valli), auf „Baron" Kuntz (Ernst Deutsch), einen Freund des Toten, auf dessen Arzt Dr. Winkel (Erich Ponto) sowie auf den britischen Major Calloway (Trevor Howard).

Da Holly Martins den plötzlichen Tod seines Freundes nicht fassen kann, beginnt er Nachforschungen anzustellen. Der Portier berichtet davon, wie der noch lebende Lime nach dem Unfall von der Unfallstelle getragen wurde und erwähnt dabei einen bisher unbekannten dritten Mann, der bei dem Geschehen zugegen gewesen sein soll. Kurz darauf wird der Portier ermordet in seiner Wohnung aufgefunden und Martins als Täter verdächtigt. Jetzt weiht Calloway Martins in die kriminelle Machenschaften seines ehemaligen Freundes ein. Harry Lime soll gestohlenes Penicillin gestreckt und dann verkauft haben. Diese Medikamente hätten bei den Patienten zum Tod geführt oder dauerhafte Schäden bewirkt.

Nach einem Besuch bei Anna Schmidt, in die sich Martins verliebt hat, die sich aber noch nicht von Lime lösen kann, fühlt sich der Autor verfolgt. Als Verfolger entpuppt sich der totgeglaubte Harry Lime, der in der sowjetischen Besatzungszone Unterschlupf gefunden hat, um seine kriminellen Machenschaften fortzuführen. Der angebliche Tod Limes wurde lediglich inszeniert. Der ominöse dritte Mann, den der Portier gesehen hat, war das Mordopfer Limes. Dieses wurde dann anstelle Harry Limes beerdigt. Das Leid und Elend der Gesellschaft nutzen Harry Lime und seine Komplizen dazu aus, um zu eigenem Reichtum zu gelangen. Dafür ist ihnen kein Opfer zu groß, was der folgende Ausspruch Limes wohl beweist: „Denk daran, was Mussolini gesagt hat: In den 30 Jahren unter des Borgias hat es nur Krieg gegeben, Terror, Mord und Blut - aber dafür gab es Michelangelo, Leonardo Da Vinci und die Renaissance. In der Schweiz herrschte brüderliche Liebe – 500 Jahre Demokratie und Frieden, und was haben wir davon? Die Kuckucksuhr!"

Entsetzt von der Skrupellosigkeit seines einstigen Freundes erklärt sich Martins bereit, Calloway bei der Auslieferung Limes zu unterstützen. Er lockt ihn in ein Kaffeehaus, wo bereits Besatzungsmächte postiert sind, um Harry Lime zu überwältigen. Doch Lime gelingt die Flucht und es kommt zu einer Verfolgungsjagd im Wiener Kanalsystem, wobei Lime zunächst angeschossen und letztendlich von Martins erschossen wird.

Begann der Film mit der Beerdigung des totgeglaubten Harry Lime, so endet er jetzt mit der tatsächlichen Beisetzung, und der Rahmen wird geschlossen (Reed, DVD).

7.5 Titel

Der Filmtitel „Der Dritte Mann" bezieht sich auf den ominösen dritten Mann, Joseph Harbin, der bei dem Unfall Limes zugegen gewesen sein soll, aber angeblich nur von dem Portier gesehen wurde. Während des gesamten Films stellt Holly Martins Nachforschungen über diesen dritten Mann an, da er denkt, dass dieser Aufschluss über den angeblich plötzlichen Tod seines Freundes geben könnte. Am Ende stellt sich heraus, dass dieser Mann zum Mordopfer Limes wurde, um die eigene Beerdigung besser inszenieren zu können (Reed, DVD).

Der dritte Mann steht im übertragenen Sinne für die Skrupellosigkeit Harry Limes, aber auch für den Tod, den er und seine Anhänger mit ihren Machenschaften verbreiten.

7.6 Licht- und Schattengestaltung

Durch die Licht- und Schattengestaltung wird in dem Film „Der Dritte Mann" eine ganz besondere Atmosphäre geschaffen. Zumeist düster und vernebelt spiegeln die Lichtverhältnisse einerseits die schlechten Zeiten nach dem Krieg auf, andererseits bieten die Verhältnisse einen perfekten Schauplatz für Kriminalität und Korruption. Diese Atmosphäre, die sich nahezu durch den gesamten Film zieht, wird unterstützt durch die intensive Schattengestaltung. Fast jedes Objekt und jede Person wirft einen Schatten, was zum einen realitätsnaher wirkt, zum anderen das Gesamtbild eher dunkel und unheimlich wirken lässt.

Besonders prägnant ist diese Schattengestaltung in der Szene, in der der totgeglaubte Harry Lime wieder auftaucht. Als Martins auf ihn zugehen will, ergreift er die Flucht. Zu sehen ist allerdings nur der rennende Schatten Limes an einer Wand, von der realen Person ist nichts zu sehen. Jedoch scheint es im ersten Moment nicht aufzufallen, dass Harry Lime selbst in der Einstellung gar nicht zu sehen ist, da die Aufmerksamkeit nur auf den überdimensional großen Schatten gerichtet ist.

Auch zur Charakterisierung bestimmter Personen wird Licht und Schatten eingesetzt. So beispielsweise die Szene, in der Harry in dem Hauseingang steht und lediglich vom Licht, das aus einem geöffneten Fenster kommt, beleuchtet wird. In dieser Einstellung wird lediglich sein Gesicht beleuchtet, die Umgebung verschwindet im Dunkel. So wird das Minenspiel Harrys betont. Sein verschmitztes Grinsen und sein hinterhältiger Charakter werden somit deutlich. Weiterhin wird Lime in dieser Szene mit hartem Licht angestrahlt, was seine Brutalität und Gefühlskälte betont. Im Gegensatz zu Lime wird Anna Schmidt stets mit weichem Licht beleuchtet. Dies soll einerseits natürlich die feminine Seite der Schauspielerin betonen. Andererseits verdeutlicht es aber auch die Verletzbarkeit Anna Schmidts und wie sehr unter dem Verlust Limes leidet.

Somit wird deutlich, dass in bestimmten Situationen das Licht auch gezielt zur Charakterisierung von Personen eingesetzt wird.

Weiterhin wird das Licht verwendet, um die Aufmerksamkeit des Zuschauers zu lenken. Wie beispielsweise bei der eben erwähnten Szene als Harry Lime wieder auftaucht. Das Gesicht wird betont, damit der Zuschauer gezielt auf das Minenspiel Limes achtet. Das gleiche Mittel wird in einer früheren Szene eingesetzt, als ein kleiner Junge Holly Martins als Mörder des Portiers beschuldigt. Auch hier wird nur das Gesicht des Jungen beleuchtet und die umstehenden Personen bleiben im Schatten. Zusätzlich wird in dieser Szene ein leicht bläuliches Licht verwendet, was die Szenen noch zunehmend gefährlicher und kälter erscheinen lässt.

Letztendlich lässt sich sagen, dass in dem Film „Der Dritte Mann" Licht und Schatten in vielfältiger Art und Weise eingesetzt wird. Vor allem aber lässt es den Film spannender wirken. Die kriminelle, gefährliche und zwielichtige Stimmung des Films, sowie die korrupten Charakter werden mit Hilfe der Lichtgestaltung erst richtig zum Ausdruck gebracht. Für den Zuschauer wirkt der Film authentischer, er kann sich besser in die Lage und Zeit versetzen, die im Film dargestellt wird.

8 Fazit

Licht- und Schattengestaltung spielen bei der Gestaltung eines Films eine große Rolle. Die Möglichkeiten, mit Licht Stimmung zu erzeugen, Räumlichkeit zu schaffen und Aussagen zu unterstützen sind vielfältig. Allerdings gibt es auch viel zu beachten, damit die Lichtgestaltung die erwünschte Wirkung erzielt. Denn neben der Art der eingesetzten Lichtquelle, die Anzahl derer, sowie besonderer Beleuchtungsstile oder Akzente, muss sich der Filmemacher auch über die Art des eingesetzten Lichts im Klaren sein. Nur wenn alle eingesetzten Beleuchtungen harmonieren, kann die gewünschte Wirkung erzielt werden. Denn: Eine gekonnte Lichtsetzung unterstreicht nicht nur die dramaturgische Aussage des Films, sondern kann ihn vor allem interessanter und zu etwas Einzigartigem machen, wie es Carol Reed bei „Der Dritte Mann" bewiesen hat.

Auch wenn der Zuschauer Licht und Schatten als bewusstes Gestaltungsmitteln nur in den Extremfällen erkennt, ist es wohl eines der wichtigsten Mittel, die den Filmemachern zur Verfügung stehen.

9 Literaturverzeichnis

Dunker, Achim. Licht- und Schattengestaltung im Film. Die chinesische Sonne scheint immer von unten. 4., aktualisierte und erw. Aufl. München: TR-Verlagsunion, 2004.

Faulstich, Werner. Grundkurs Filmanalyse. München: Wilhelm Fink GmbH & Co. KG, 2002.

Feininger, Andreas. Große Fotolehre. 5. Aufl. München: Wilhelm Heyne Verlag, 2001.

Greene, Graham. The Third Man. Überarb. Auflage. London: Faber and Faber Limited, 1988.

Hickethier, Knut. Film- und Fernsehanalyse. 3., überarb. Aufl. Stuttgart, Weimar: Metzler, 2001.

Kamp, Werner. Vom Umgang mit Film. 1. Aufl. Berlin: Volk und Wissen Verlag GmbH & Co., 1998.

Kühnel, Jürgen. Einführung in die Filmanalyse. Siegen: Universitäts-Verlag.

Mikos, Lothar. Film- und Fernsehanalyse. Konstanz: UVK-Verlagsgesellschaft, 2003.

Monaco, James. Film verstehen. Kunst, Technik, Sprache, Geschichte und Theorie des Films und der neuen Medien. 7. Aufl. Reinbek bei Hamburg: Rowohlt Taschenbuchverlag, 2006.

Werner, Paul. Film Noir und Neo Noir. überarb. und erw. Auflage. München: Vertigo Verlag, 2000.

Filmografie

Reed, Carol. Der Dritte Mann. 1949.

Online-Quellen

Der Dritte Mann. http://www.deutsches-filminstitut.de/cinedays_2003/content/ prog ramm/dritte_mann.htm. 22.04.2007